AF195044

Impressum
Verlag: BABADADA GmbH, Nedderfeld 112 , 22529 Hamburg
Geschäftsführer / Verlagsleitung: Harald Hof
Druck: Books on Demand GmbH, In de Tarpen 42, 22848 Norderstedt

Imprint
Publisher: BABADADA GmbH, Nedderfeld 112 , 22529 Hamburg, Germany
Managing Director / Publishing direction: Harald Hof
Print: Books on Demand GmbH, In de Tarpen 42, 22848 Norderstedt

el colegio
sekoly

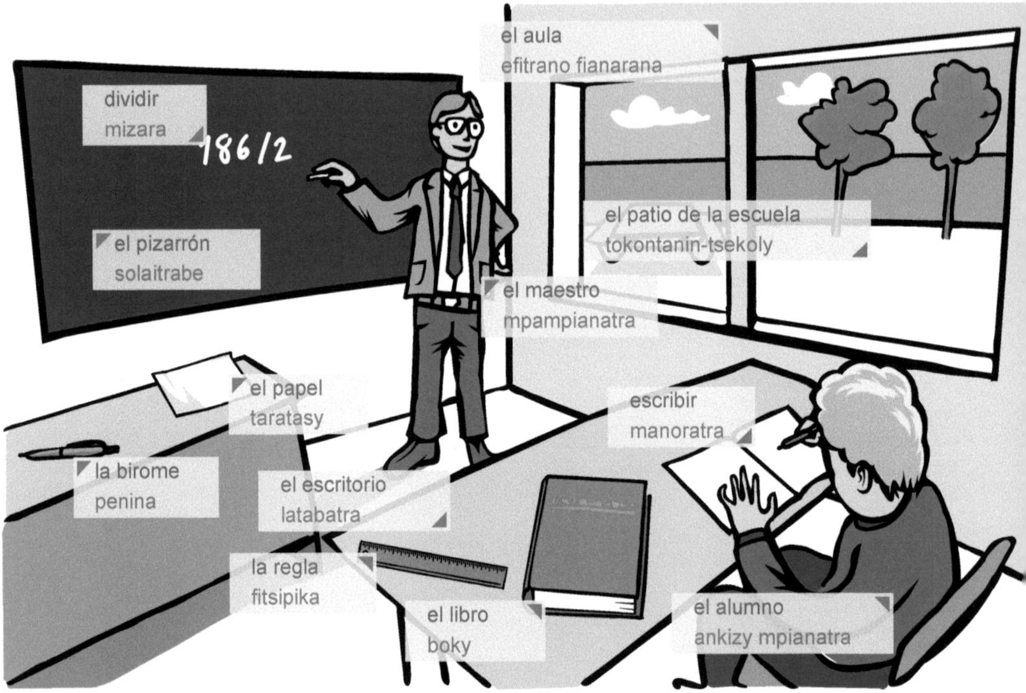
el aula
efitrano fianarana
dividir
mizara
186/2
el pizarrón
solaitrabe
el patio de la escuela
tokontanin-tsekoly
el maestro
mpampianatra
el papel
taratasy
escribir
manoratra
la birome
penina
el escritorio
latabatra
la regla
fitsipika
el libro
boky
el alumno
ankizy mpianatra

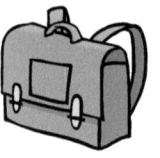

la mochila
kitapo

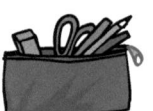

la caja de lápices
torosy

el lápiz
pensilihazo

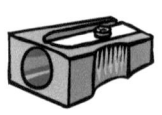

el sacapuntas
fandrangitana pensilihazo

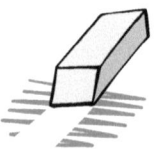

la goma (de borrar)
gaoma

el bloc de dibujo
karne fanaovana sary

el dibujo
sary

el pincel
borosy fandokoana

la caja de pinturas
boaty loko

la tijera
hety

el pegamento
lakaoly

el cuaderno de ejercicios
kahie fampiasàna

la tarea
enti-mody

12

el número
tarehi-marika

2+2

sumar
manampy

5-2

restar
manala

2×2

multiplicar
mampitombo

calcular
mikajy

A

la letra
taratasy

ABCDEFG HIJKLMN OPQRSTU VWXYZ

el abecedario
abidia

hello

la palabra
teny

el texto

lahatsoratra

leer

mamaky

la tiza

tsaoka

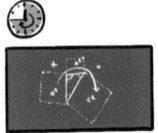

la lección

lesona

el cuaderno de clase

boky fianarana

el examen

fanadinana

el certificado

sertifikà

el uniforme escolar

fanamian'ny mpianatra

la educación

fiofanana

la enciclopedia

raki-pahalalana

la universidad

oniversite

el microscopio

mikraoskaopy

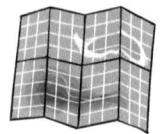

el mapa

sarintany

el tacho (de basura)

fanariana fako taratasy

el viaje
fitsangatsanganana

el hotel
hôtely
Grand
el hostel
tranom-bahiny
la casa de cambio
toerana fanakalozana vola
la valija
valizy
el auto
fiara

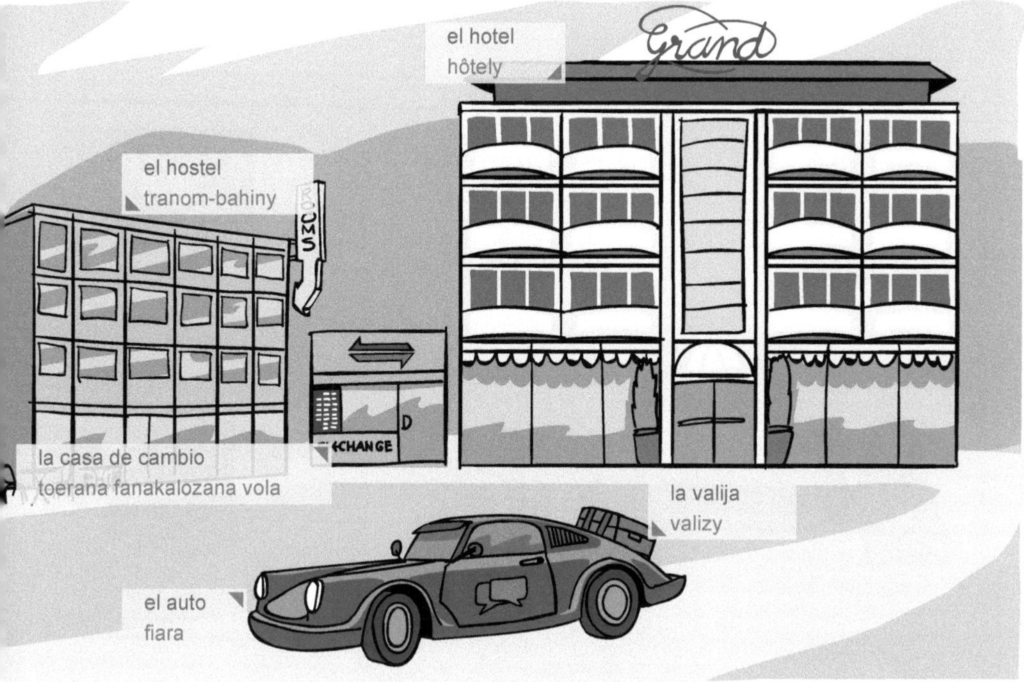

el idioma

fiteny

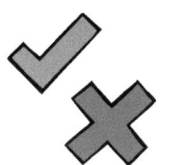

sí / no

eny / tsia

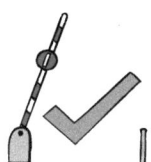

Está bien

Eny àry

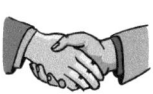

hola

salama

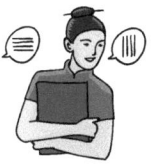

el traductor

mpandika teny

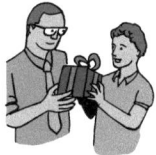

Gracias

Misaotra

¿cuánto cuesta…?

ohatrinona…?

No entiendo

Tsy azoko izany

el problema

olana

¡Buenas tardes!

Salama ô!

¡Buenos días!

Arahaba tra-maraina e!

¡Buenas noches!

Tsara mandry ô!

el adiós

veloma

la dirección

fitantanana

el equipaje

entan'ny mpandeha

el bolso

harona

la mochila

kitapo

el invitado

vahiny

la habitación

efitrano

la bolsa de dormir

fandriana enti-tànana

la carpa

tanty

la información turística

birao miandraikitra ny fizahantany

la playa

moron-tsiraka

la tarjeta de crédito

fahana amin'ny karatra

el desayuno

sakafo maraina

el almuerzo

sakafo atoandro

la cena

sakafo hariva

el pasaje

tapakila

el ascensor

ascenseur

el sello

hajia

la frontera

tany manasaraka

la aduana

fadin-tseranana

la embajada

ambasady

la visa

visa

el pasaporte

pasipaoro

el transporte
fitaterana

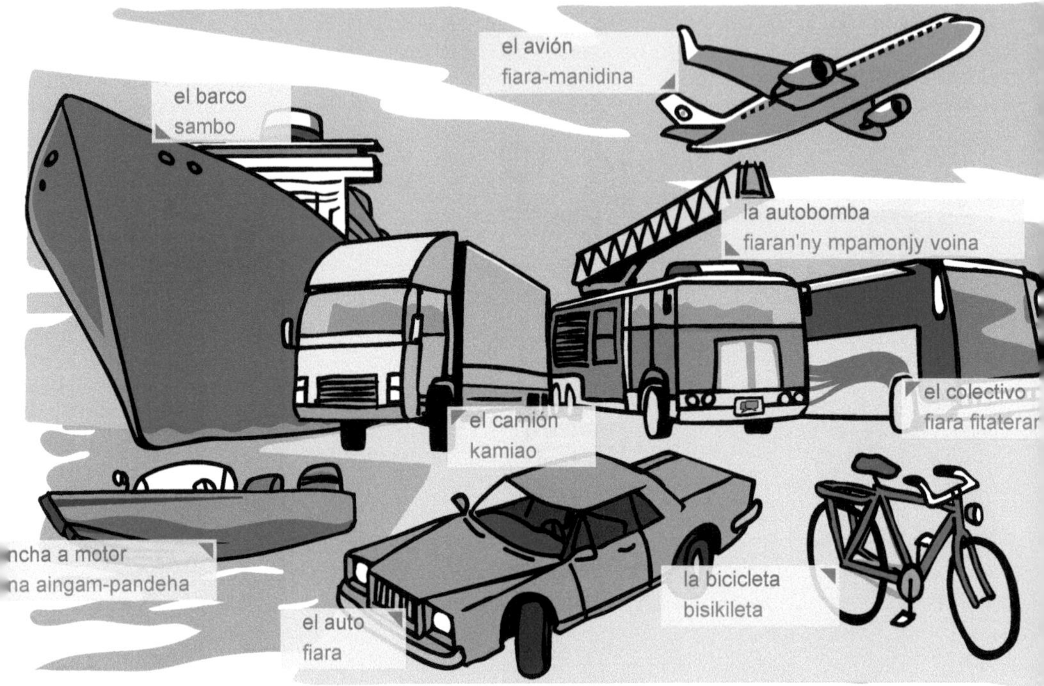

el avión
fiara-manidina
el barco
sambo
la autobomba
fiaran'ny mpamonjy voina
el colectivo
fiara fitaterar
el camión
kamiao
ncha a motor
na aingam-pandeha
la bicicleta
bisikileta
el auto
fiara

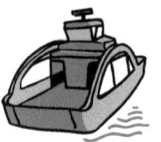

el ferry
sambobe

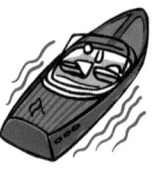

el bote
sambo

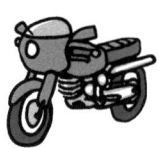

la moto
môtô

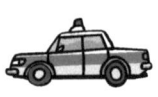

el patrullero
fiaran'ny polisy

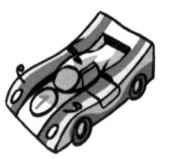

el auto de carreras
fiara mpihazakazaka

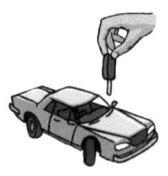

el auto de alquiler
fiara fanofa

el alquiler de autos

zara fiara

la grúa

fiara etsy babeko

el camión de la basura

fiara mpitatitra fako

el motor

môtera

la nafta

solika

la estación de servicio

tobin-tsolika

la señal de tránsito

tondro fifamoivoizana

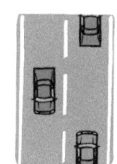

el tránsito

fifamoivoizana

el embotellamiento

fitohanan'ny fifamoivoizana

el estacionamiento

fitobian'ny fiara

la estación de tren

fiantsonan'ny fiaran-
dalamby

las vías

lalamby

el tren

fiaran-dalamby

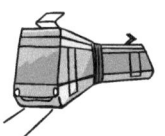

el tranvía

tramway

el vagón

kalesy

el helicóptero

angidimby

el aeropuerto

seranam-piaramanidina

la torre

tilikambo

el pasajero

mpandeha

el contenedor

kaontenera

la caja de cartón

baoritra

la carretilla

chariot

la canasta

harona

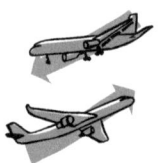

despegar / aterrizar

miainga / midina

la ciudad

renivohitra

el pueblo

ambanivohitra

el centro de la ciudad

afovoan-tanàna

la casa

trano

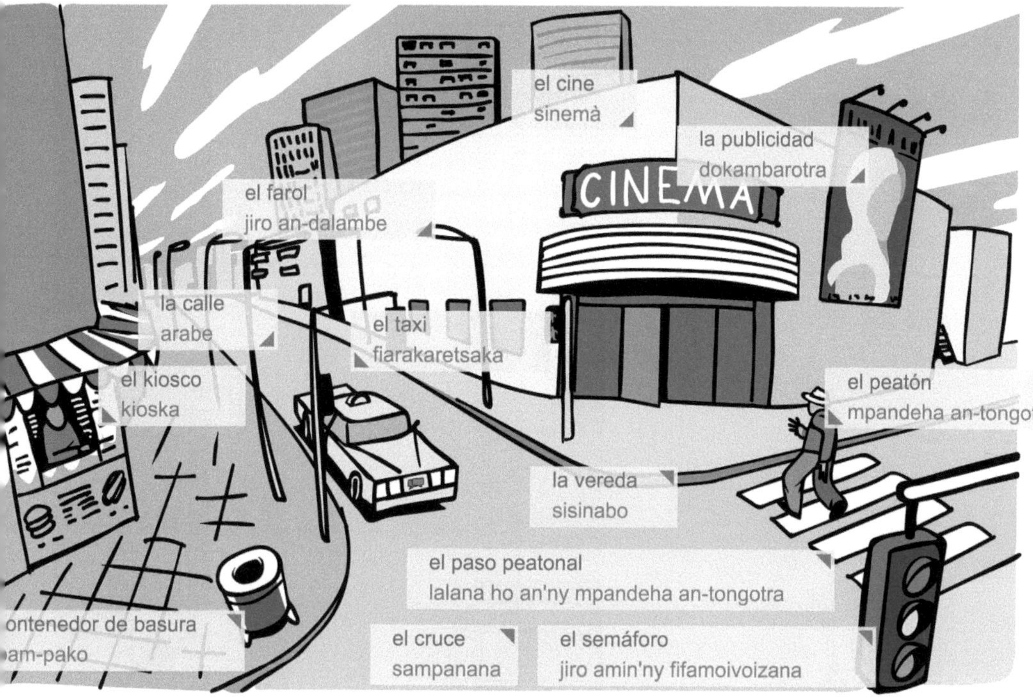

el cine
sinemà

la publicidad
dokambarotra

el farol
jiro an-dalambe

CINEMA

la calle
arabe

el taxi
fiarakaretsaka

el kiosco
kioska

el peatón
mpandeha an-tongot

la vereda
sisinabo

el paso peatonal
lalana ho an'ny mpandeha an-tongotra

ontenedor de basura
am-pako

el cruce
sampanana

el semáforo
jiro amin'ny fifamoivoizana

la cabaña

trano bongo

el departamento

tranobe

la estación de tren

fiantsonan'ny fiaran-
dalamby

la municipalidad

firaisana

el museo

donia

el colegio

sekoly

la universidad

oniversite

el banco

banky

el hospital

hopitaly

el hotel

hôtely

la farmacia

farmasia

la oficina

birao

la librería

fivarotam-boky

el negocio

fivarotana

la florería

mpivarotra voninkazo

el supermercado

supermarché

el mercado

tsena

las grandes tiendas

tranobe fivarotana

la pescadería

mpivarotra trondro

el centro comercial

toeram-pivarotana lehibe

el puerto

seranana

el parque

valan-javaboary

el banco

latabatra

el puente

tetezana

las escaleras

totohatra

el subte

metrô

el túnel

tonelina

la parada del colectivo

fiantsonan'ny fiara
mpitondra olona

el bar

bara

el restaurante

toeram-pisakafoanana

el buzón

boatin-taratasy paositra

el letrero

famantarana an-arabe

el parquímetro

parcmètre

el zoológico

valan-javaboary

la pileta

dobo filomanosana

la mezquita

moskea

la granja

toeram-pambolena

la contaminación

loto

el cementerio

fasana

la iglesia

trano fiangonana

los juegos infantiles

tokontany filalaovana

el templo

tempoly

el paisaje

endritany

la hoja
ravina

el poste indicador
tondro famantarana

el camino
làlana

la pradera
kijana

la piedra
vato

el excursionista
mpihani-bohitra

el árbol
hazo

el río
renirano

la hierba
bozaka

la flor
voninkazo

el valle
lemaka

la montaña
vohitra

el lago
laka

el bosque
ala

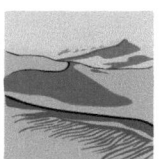

el desierto
tany hay

el volcán
volkano

el castillo
rova

el arco iris
avana

el champiñón
holatra

la palmera
hazom-boanio

el mosquito
moka

la mosca
lalitra

la hormiga
vitsika

la abeja
tantely

la araña
hala

el escarabajo

voangory

la rana

sahona

la ardilla

vontsira

el erizo

trandraka

la liebre

bitro

la lechuza

vorondolo

el pájaro

vorona

el cisne

gisabe

el jabalí

lambo

el ciervo

cerf

el alce

voalavo

la presa

toha-drano

el aerogenerador

helisy ahodin-drivotra

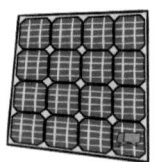

el panel solar

takela-masoandro

el clima

toetr'andro

el restaurante
toeram-pisakafoanana

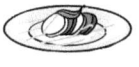

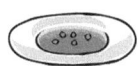

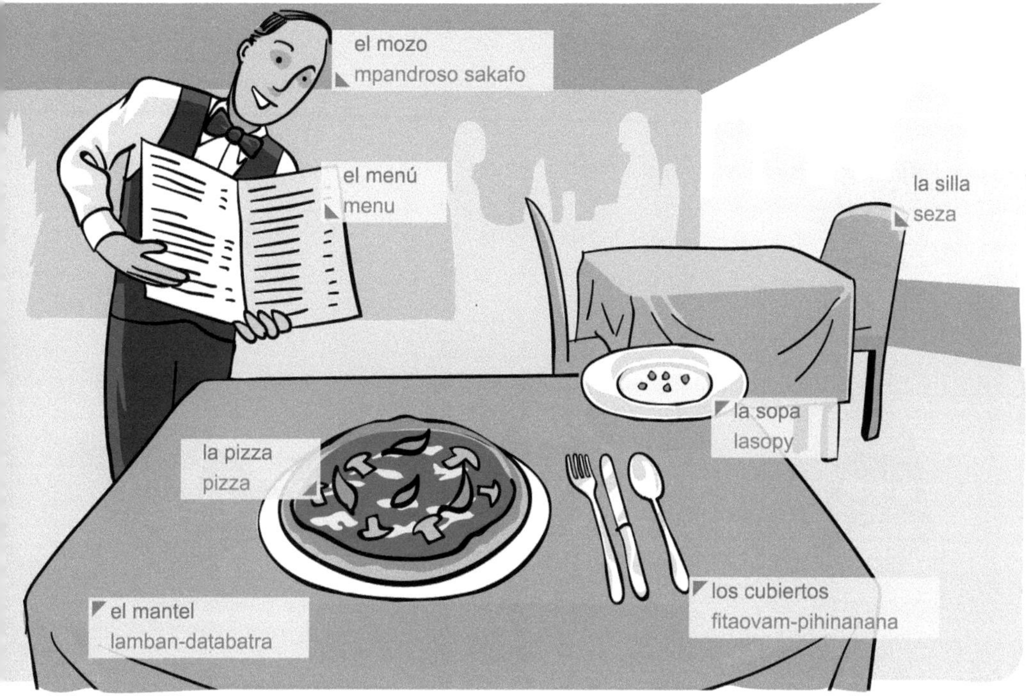

el mozo
mpandroso sakafo
el menú
menu
la silla
seza
la sopa
lasopy
la pizza
pizza
los cubiertos
fitaovam-pihinanana
el mantel
lamban-databatra

la entrada

entrée

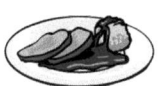

el plato principal

sakafo fototra

el postre

desera

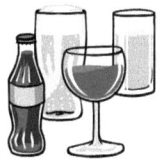

las bebidas

zava-pisotro

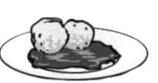

la comida

sakafo

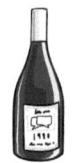

la botella

tavoahangy

la comida rápida

fast food

la comida callejera

sakafo an-dalambe

la tetera

fitoerana dite

la azucarera

fitoeran-tsiramamy

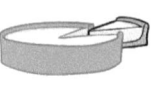

la porción

singany

la cafetera expreso

milina espresso

la sillita alta

seza avo

la cuenta

faktiora

la bandeja

lovia fandrosoana sakafo

el cuchillo

antsy

el tenedor

sotrorovitra

la cuchara

sotro

la cucharita

sotrokely

la servilleta

servieta

el vaso

vera

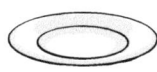

el plato

vilia

el plato hondo

vilian-dasopy

el plato

vilia bory

la salsa

saosy

el salero

fitoeran-tsira

el molinillo de pimienta

milina dipoavatra

el vinagre

vinaingitra

el aceite

solika

las especias

zava-manitra

el kétchup

ketchup

la mostaza

voan-tsinapy

la mayonesa

maionezy

el supermercado
supermarché

la oferta especial
fihenam-bidy
FOR
el cliente
mpividy
los lácteos
sakafo avy amin'ny ronono
la fruta
voankazo
el changuito
chariot

BUTCHERS

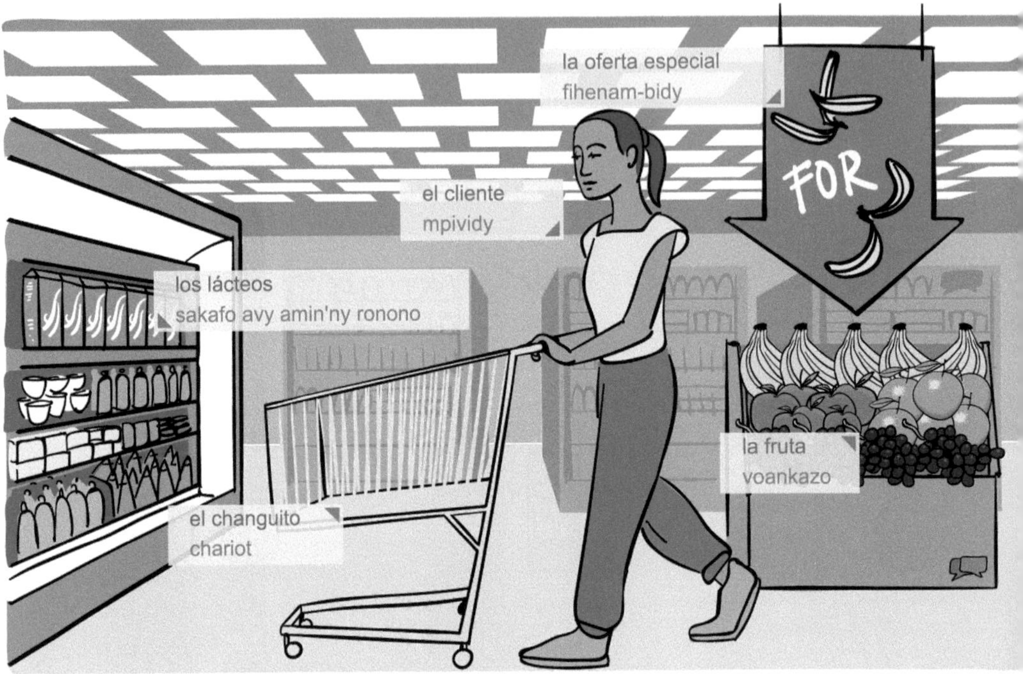

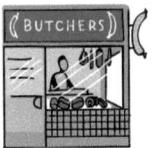

la carnicería

mpivaro-kena

BAKERY

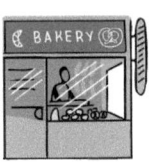

la panadería

mpivarotra mofo

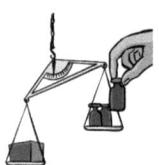

pesar

mandanja

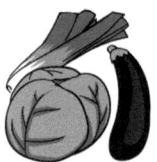

las verduras

legioma

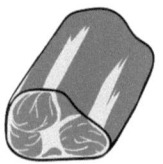

la carne

hena

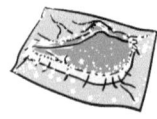

los alimentos congelados

sakafo nampangatsiahana

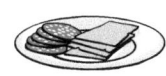

los fiambres

hena voahendy

los alimentos enlatados

sakafo am-by fotsy

el detergente en polvo

vovon-tsavony

las golosinas

vatomamy

los electrodomésticos

fitaovana an-tokatrano

los productos de limpieza

fitaovana fanadiovana

la vendedora

mpivarotra

la caja

toerana fandoavam-bola

el cajero

mpandray vola

la lista de compras

lisitry ny zavatra vidiana

el horario de atención

ora fiasana

la billetera

portefeuille

la tarjeta de crédito

fahana amin'ny karatra

la cartera

harona

la bolsa de plástico

harona plastika

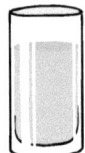

el agua

rano

el jugo

ranom-boankazo

la leche

ronono

la bebida cola

coca

el vino

divay

la cerveza

labiera

el alcohol

toaka

el cacao

sôkôlà mafana

el té

dite

el café

kafe

el café expreso

espresso

el cappuccino

cappuccino

la banana

akondro

la manzana

paoma

la naranja

laoranjy

el melón

voatango

el limón

voasarimakirana

la zanahoria

karaoty

el ajo

tongolo gasy

el bambú

volobe

la cebolla

tongolo

el champiñón

holatra

las nueces

voamaina

los fideos

paty

los tallarines
spaghetti

el arroz
vary

la ensalada
salady

las papas fritas
ovy frity

las papas fritas
ovy voaendy

la pizza
pizza

la hamburguesa
hamburger

el sándwich
sandwich

el churrasco
didin-kena

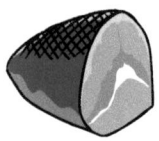

el jamón
lambo sira

el salame
salami

la salchicha
saosisy

el pollo
akoho

el asado
hena mendy

el pescado
trondro

los copos de avena

varin-tsoavaly

el muesli

muesli

los copos de maíz

cornflakes

la harina

lafarinina

la medialuna

croissant

el pancito

mofodipaina kely

el pan

mofo

la tostada

mofo natono

las galletitas

bisky

la manteca

dobera

la cuajada

fromazy fotsy

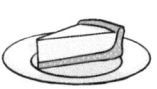

la torta

mofomamy

el huevo

atody

el huevo frito

atody nendasina

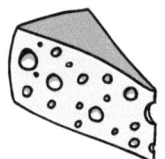

el queso

fromazy

la comida - sakafo

el helado

lagilasy

el azúcar

siramamy

la miel

tantely

la mermelada

kaonfitira

la pasta de chocolate

crème nougat

el curry

curry

la granja
toeram-pambolena

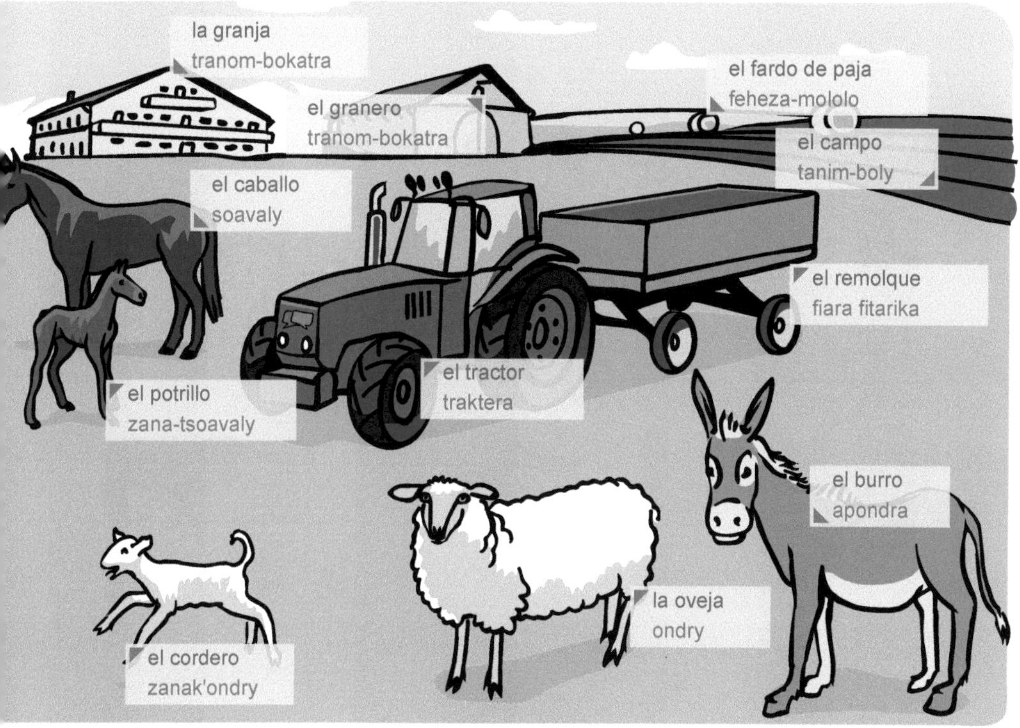

la granja
tranom-bokatra
el granero
tranom-bokatra
el fardo de paja
feheza-mololo
el campo
tanim-boly
el caballo
soavaly
el remolque
fiara fitarika
el tractor
traktera
el potrillo
zana-tsoavaly
el burro
apondra
la oveja
ondry
el cordero
zanak'ondry

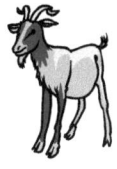

la cabra
osy

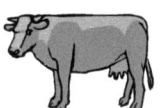

la vaca
omby vavy

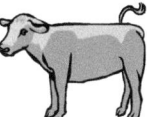

el ternero
omby

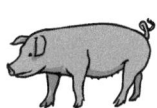

el cerdo
kisoa

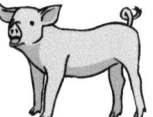

el lechón
zana-kisoa

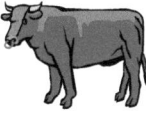

el toro
omby

el ganso
gisa

el pato
gana

el pollo
zanak'akoho

la gallina
akoho vavy

el gallo
akoho lahy

la rata
voalavo

el gato
saka

el ratón
voalavo tondro

el buey
omby

el perro
alika

la cucha
tranon'alika

la manguera
fantsona fanondrahana rano

la regadera
fanondrahana

la guadaña
antsy biloka

el arado
angadin'omby

la hoz

antsim-bilona

la azada

antsetra

la horquilla

farango vy

el hacha

famaky

la carretilla

borety

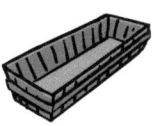

el abrevadero

dababe

la lechera

boatin-dronono

la bolsa

harona

la reja

fefy

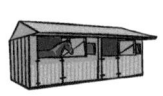

el establo

tranom-biby

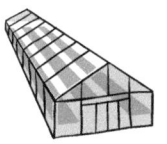

el invernadero

talatalan-jaridaina

el suelo

tany

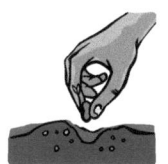

la semilla

ambeoka

el fertilizador

zezika

la cosechadora

milina mpijinja vokatra

cosechar

vokatra

la cosecha

vokatra

las batatas

saonjo

el trigo

varimbazaha

la soja

saozaha

la papa

ovy

el maíz

katsaka

la semilla de colza

colza

el árbol frutal

hazo fihinam-boa

la mandioca

mangahazo

los cereales

voamadinika

la casa
trano

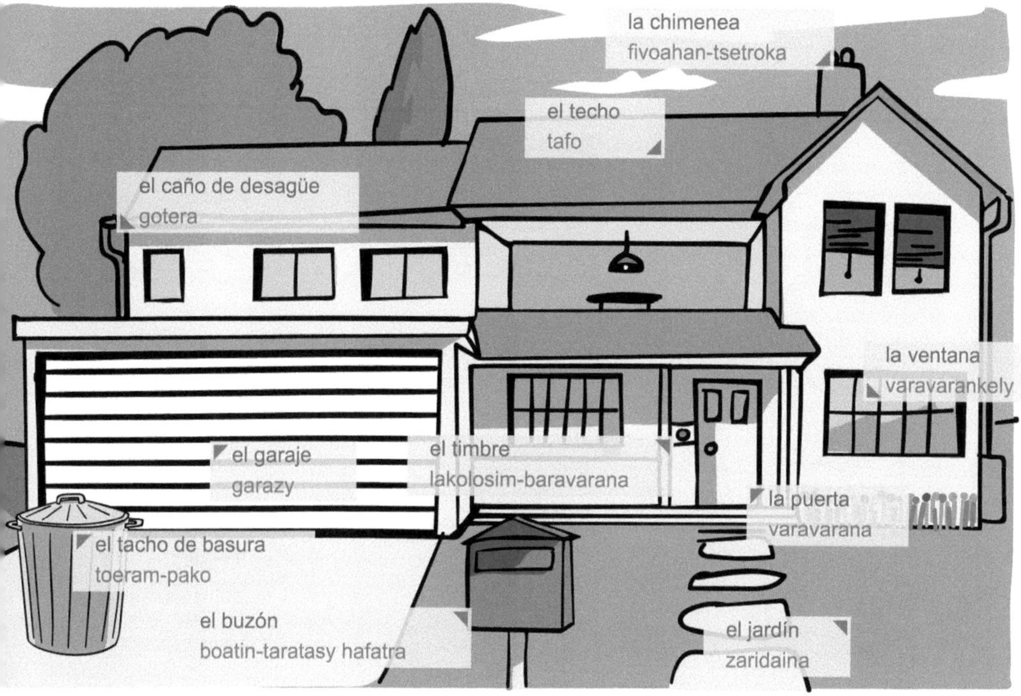
la chimenea
fivoahan-tsetroka
el techo
tafo
el caño de desagüe
gotera
la ventana
varavarankely
el garaje
garazy
el timbre
lakolosim-baravarana
la puerta
varavarana
el tacho de basura
toeram-pako
el buzón
boatin-taratasy hafatra
el jardín
zaridaina

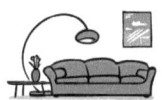

el living
efitra fandraisam-bahiny

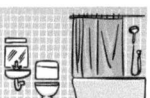

el baño
efitra fandroana

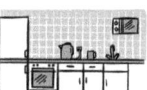

la cocina
lakozia

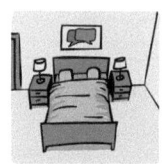

el dormitorio
efitra fatoriana

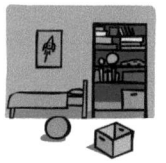

el cuarto de los chicos
efitranon'ny ankizy

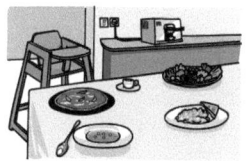

el comedor
efi-trano fisakafoanana

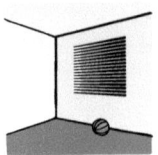

el piso

tany

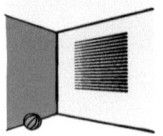

la pared

rindrina

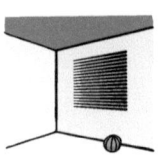

el cielorraso

valindrihana

el sótano

lakavy

el sauna

sauna

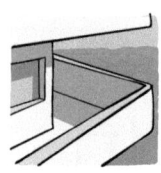

el balcón

tsimahalavo

la terraza

lavarangana

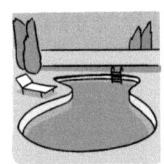

la pileta

dobo filomanosana

la cortadora de pasto

mpanapaka bozaka

la sábana

lambam-pandriana

el acolchado

koety

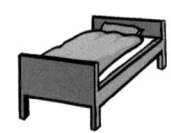

la cama

fandriana

la escoba

kifafa

el balde

sô

el interruptor

interrupteur

el living

efitra fandraisam-bahiny

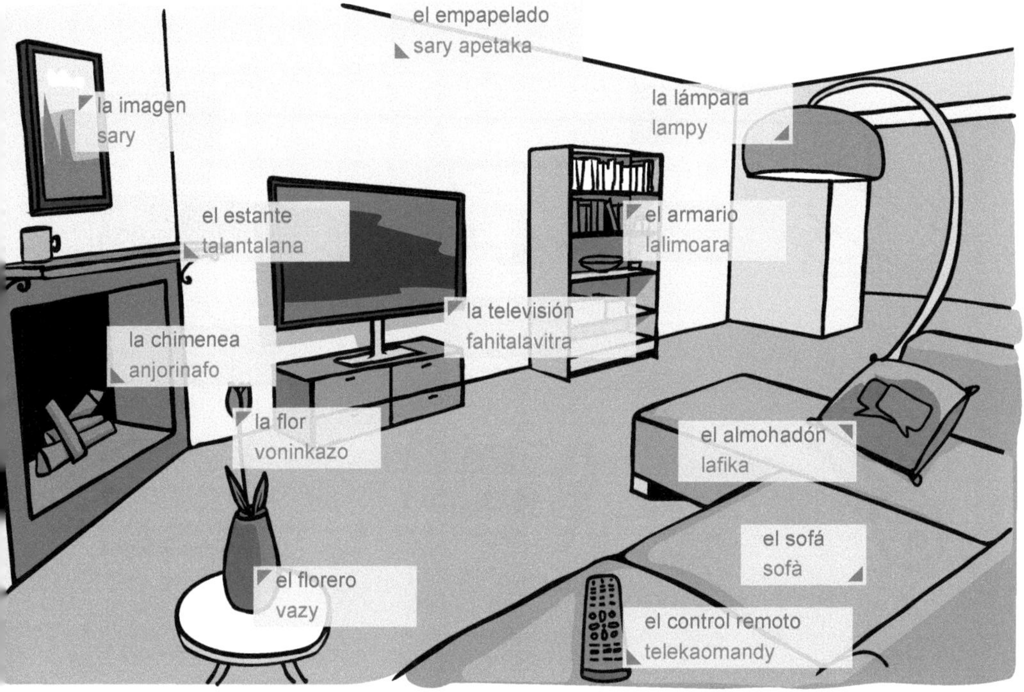
el empapelado
sary apetaka
la imagen
sary
la lámpara
lampy
el estante
talantalana
el armario
lalimoara
la televisión
fahitalavitra
la chimenea
anjorinafo
la flor
voninkazo
el almohadón
lafika
el sofá
sofà
el florero
vazy
el control remoto
telekaomandy

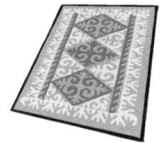

la alfombra

tapis

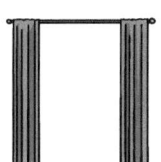

la cortina

takom-baravarana

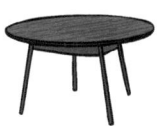

la mesa

latabatra

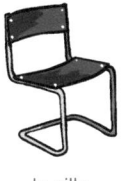

la silla

seza

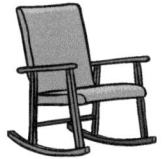

la mecedora

seza savily

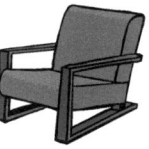

el sillón

seza mihaja

el libro

boky

la frazada

lamba firakotra

la decoración

asa fandravahana

la leña

hazo fandrehitra

la película

horonantsary

el equipo de música

fitaovana hi-fi

la llave

fanalahidy

el diario

gazety

la pintura

loko

el póster

sary famantarana

la radio

radio

el cuaderno

kahie fanao tadidy

la aspiradora

aspiratera

el cactus

raketa

la vela

labozia

la cocina
lakozia

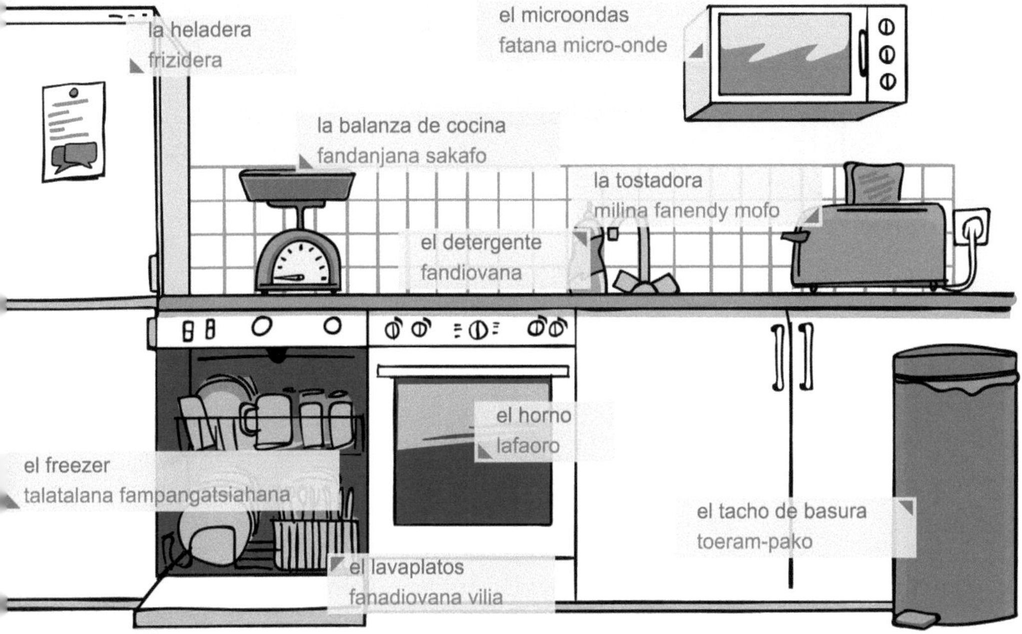

la heladera
frizidera
el microondas
fatana micro-onde
la balanza de cocina
fandanjana sakafo
la tostadora
milina fanendy mofo
el detergente
fandiovana
el horno
lafaoro
el freezer
talatalana fampangatsiahana
el tacho de basura
toeram-pako
el lavaplatos
fanadiovana vilia

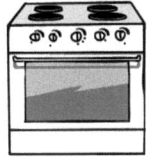

la cocina
lafaoro

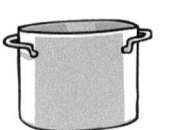

la olla
vilany

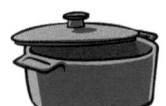

la olla de hierro fundido
vilany vy

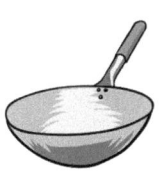

el wok
wok / kadai

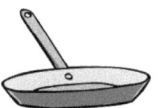

la sartén
lapoaly

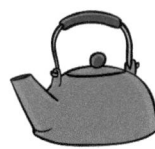

la pava
fitaovana fampangotrahana rano

la vaporera

vilany mandeha entona

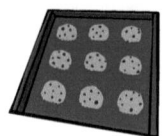

la bandeja de horno

lovia fisaka

la vajilla

fitaovan-dakozia

la taza

zinga

el bol

vilia baolina

los palitos

hazokely fihinanana

el cucharón

sotrobe lavatango

la espátula

spatule

la batidora

fanakapohana atody

el colador

fanatantavanana

el colador

lovia sivana

el rallador

fanakikisana

el mortero

laona

la parrilla

kiendiendy

la fogata

fivoahan'ny setroka

la tabla de picar

akalana fitetehana

el palo de amasar

kodia fandamàna koba

el sacacorchos

fisontonana bosoa

la lata

boaty

el abrelatas

fanokafana boaty

la manopla

fitazomana vilany

la pileta

lavabô

el cepillo

borosy

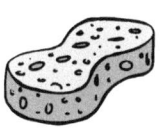

la esponja

spaonjy

la batidora

miksera

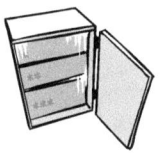

el congelador

fitaovana fampangatsiahana

la mamadera

tavoahanginono

la canilla

paompy

el baño
efitra fandroana

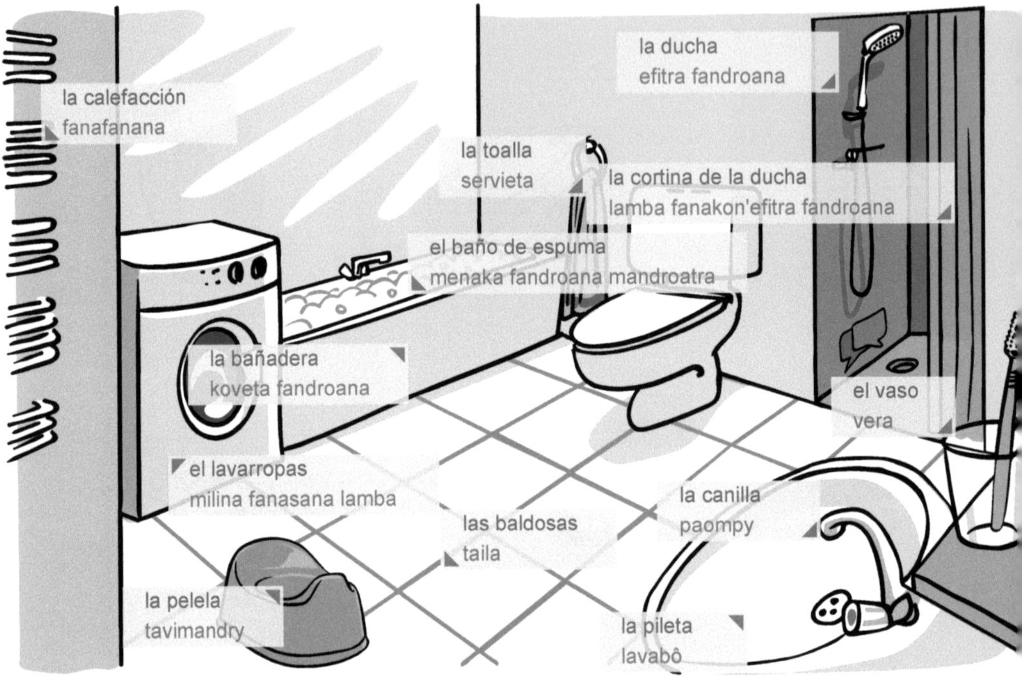
la ducha
efitra fandroana
la calefacción
fanafanana
la toalla
servieta
la cortina de la ducha
lamba fanakon'efitra fandroana
el baño de espuma
menaka fandroana mandroatra
la bañadera
koveta fandroana
el vaso
vera
el lavarropas
milina fanasana lamba
la canilla
paompy
las baldosas
taila
la pelela
tavimandry
la pileta
lavabô

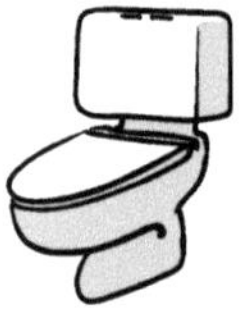

el inodoro

efitrano fidiovana

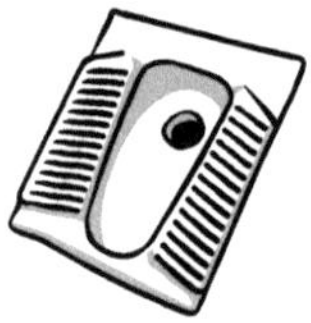

la letrina

kabone mitsingo

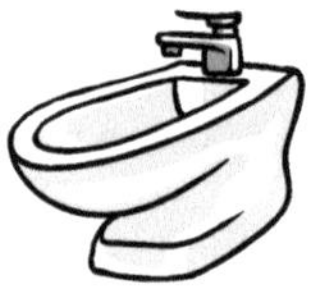

el bidé

bidet

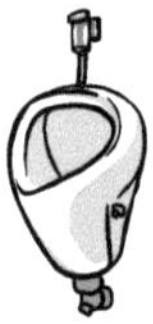

el mingitorio

fipipizana

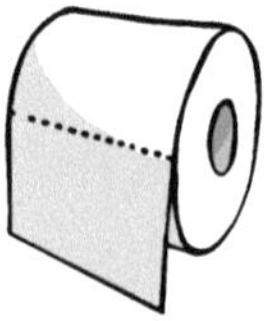

el papel higiénico

taratasy fidiovana

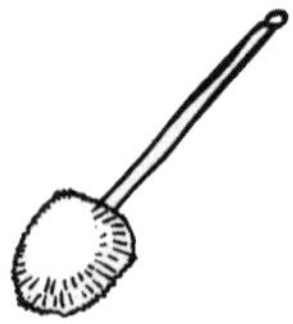

el cepillo para el inodoro

borosy fampiasa an-kabone

el cepillo de dientes

borosinify

el dentífrico

famotsia-nify

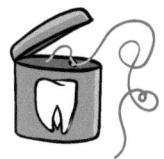

el hilo dental

kofehy fanadiova-nify

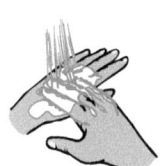

lavar

manasa

la ducha de mano

fisaika enti-tànana

la ducha higiénica

fanadiovana fivaviana

la palangana

kovetabe

el cepillo para la espalda

borosin-damosina

el jabón

savony

el gel de ducha

el fampiasa rehefa misaika

el shampoo

shampoo

la toallita

fonon-tànana enti-misaika

el desagüe

tsiranoka

la crema

crème fanosotra

el desodorante

fanalana fofona

el espejo
fitaratra

el espejito
fitaratra fihaingo

la maquinita de afeitar
hareza

la espuma de afeitar
raotra fiharatra

el aftershave
menaka haratra

el peine
fiogo

el cepillo
borosy

el secador de pelo
fitaovana fanamainam-bolo

el spray
atsifotra amin'ny volo

el maquillaje
fikarakarana tarehy

el lápiz de labios
lokomena

el esmalte para uñas
haingo hoho

el algodón
vohavohan-dandihazo

la tijera para uñas
fanapahana hoho

el perfume
ranomanitra

el portacosméticos

fitoerana fitaovana an-kabone

la banqueta

sezabory

la balanza

fandanjana olona

la bata

akanjo enti-matory

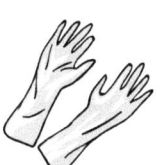

los guantes de goma

fonon-tànana enti-manadio

el tampón

servieta fanary

la toallita femenina

lamba fampiasa amin'ny fadimbolana

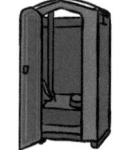

el baño químico

kabone simika

el cuarto de los chicos
efitranon'ny ankizy

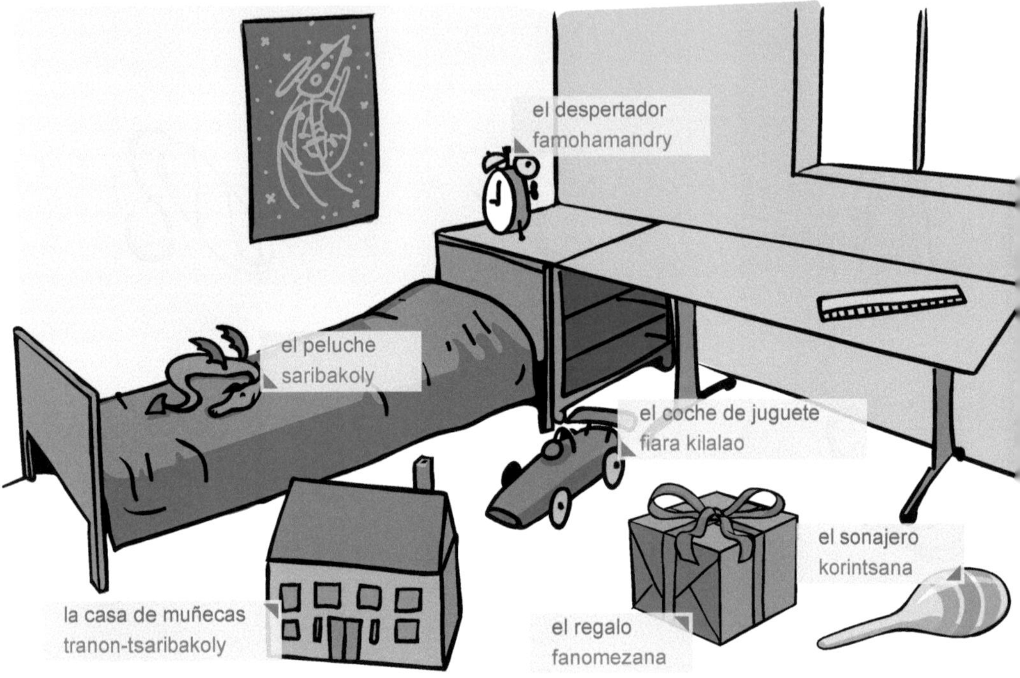
el despertador
famohamandry
el peluche
saribakoly
el coche de juguete
fiara kilalao
el sonajero
korintsana
la casa de muñecas
tranon-tsaribakoly
el regalo
fanomezana

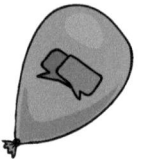

el globo
balaonina

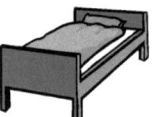

la cama
fandriana

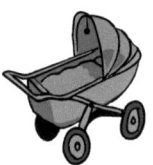

el cochecito
posety

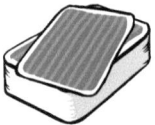

las cartas
lalao karatra

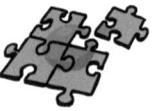

el rompecabezas
puzzle

SUPER
MEGA

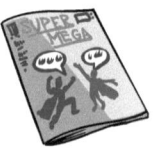

la historieta
sariitatra

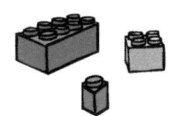

las piezas de lego
lalao legô

los ladrillos de juguete
kilalao fananganana trano

la figura de acción
sarivongana kely

el enterito (de bebé)
grenera

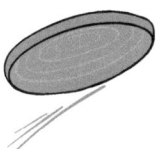

el frisbee
Frisbee

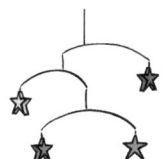

el móvil para bebés
mobile

el juego de mesa
jeu de société

los dados
kodiakely

el tren eléctrico
lamasinina kely

el chupete
solonono

la fiesta
fety

el libro de cuentos ilustrado
boky feno sary

la pelota
baolina

la muñeca
saribakoly

jugar
milalao

el arenero

kovetam-pasika

la hamaca

savily

los juguetes

kilalao

la consola de videojuegos

kilalao video

el triciclo

tricycle

el osito de peluche

teddy orsa

el armario

fitoeran'akanjo

la ropa

akanjo

las medias

bà kiraro

las medias panty

bàn-tongotra

las calzas

akanjo manara-batana

la bufanda
foloara

el paraguas
elo

la remera
t-shirt

el cinturón
fehin-kibo

las botas
baoty

las pantuflas
kapa fitondra an-trano

las zapatillas
kiraro tenisy

las sandalias
kapa

los zapatos
kiraro

las botas de goma
baoty fingotra

la ropa interior
atinakanjo

el corpiño
tatinono

el chaleco
akanjo feno

la ropa - akanjo

el body
vatana

los pantalones
pataloha

los jeans
jean

la pollera
zipo

la blusa
akanjo ambony

la camisa
lobaka

el pulóver
pull

el buzo
akanjo sarotro

el blazer
palitao

la campera
palitao

el tapado
palitao

el piloto
akanjo aro-orana

el traje
akanjo fianjaika

el vestido
fitafim-behivavy

el vestido de novia
akanjon'ny ampakarina

el traje

akanjo fianjaika

el camisón

akanjo-mandry

el pijama

pijamà

el sari

sari

el pañuelo para la cabeza

sarondoha

el turbante

turban

la burka

burqa

el caftán

kaftan

la abaya

abaya

el traje de baño

akanjo fitondra milomano

el short de baño

akanjo fitondra milomano

los shorts

pataloha fohy

el jogging

akanjo fitena

el delantal

tablie

los guantes

fonon-tànana

el botón

bokotra

los anteojos

solomaso

la pulsera

brasele

el collar

rojo

el anillo

peratra

el aro

kavina

la gorra

satroka

la percha

fanantonana palitao

el sombrero

satroka

la corbata

fehivozo

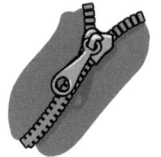

el cierre

hidikorisa

el casco

aroloha

los tiradores

beritelo

el uniforme escolar

fanamian'ny mpianatra

el uniforme

fanamiana

el babero

bavoara

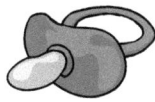

el chupete

solonono

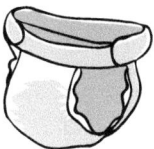

el pañal

taty

la oficina
birao

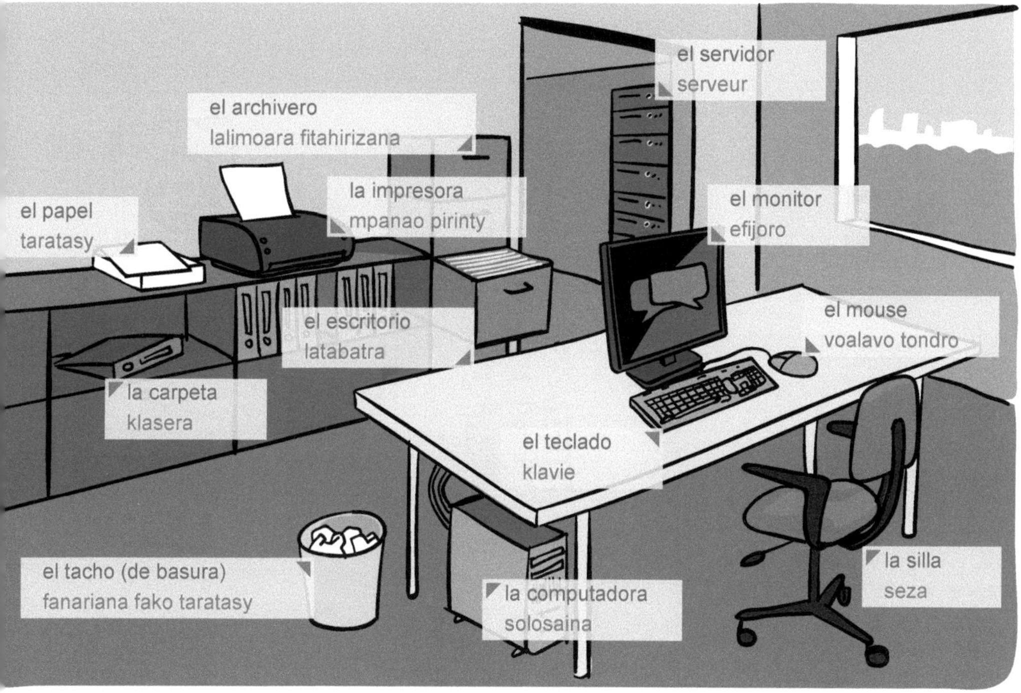

el servidor
serveur

el archivero
lalimoara fitahirizana

la impresora
mpanao pirinty

el papel
taratasy

el monitor
efijoro

el escritorio
latabatra

el mouse
voalavo tondro

la carpeta
klasera

el teclado
klavie

el tacho (de basura)
fanariana fako taratasy

la computadora
solosaina

la silla
seza

la taza de café

kaopin-kafe

la calculadora

mpikajy

el internet

aterineto

la laptop

solosaina maivana

la carta

taratasy

el mensaje

hafatra

el celular

mobile

la red

tambajotra

la fotocopiadora

imprimante

el software

rindrambaiko

el teléfono

finday

el tomacorriente

prizy

el fax

fax

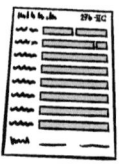

el formulario

efitra fenoina

el documento

fehezan-taratasy

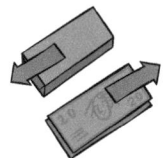

comprar

mividy

pagar

mandoa vola

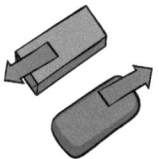

hacer negocios

misera

el dinero

vola

el dólar

dôlara

el euro

euro

el yen

yen

el rublo

rouble

el franco suizo

Franc suisse

el yuan

renminbi yuan

la rupia

roupie

el cajero automático

fangalàna vola

la casa de cambio

toerana fanakalozana vola

el oro

volamena

la plata

volafotsy

el petróleo

solika

la energía

angovo

el precio

vidiny

el contrato

fifanekena

el impuesto

hetra

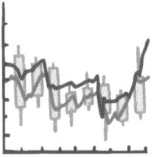

la acción

action borsa

trabajar

miasa

el empleado

mpiasa

el empleador

mpampiasa

la fábrica

orinasa

el negocio

fivarotana

las ocupaciones
asa

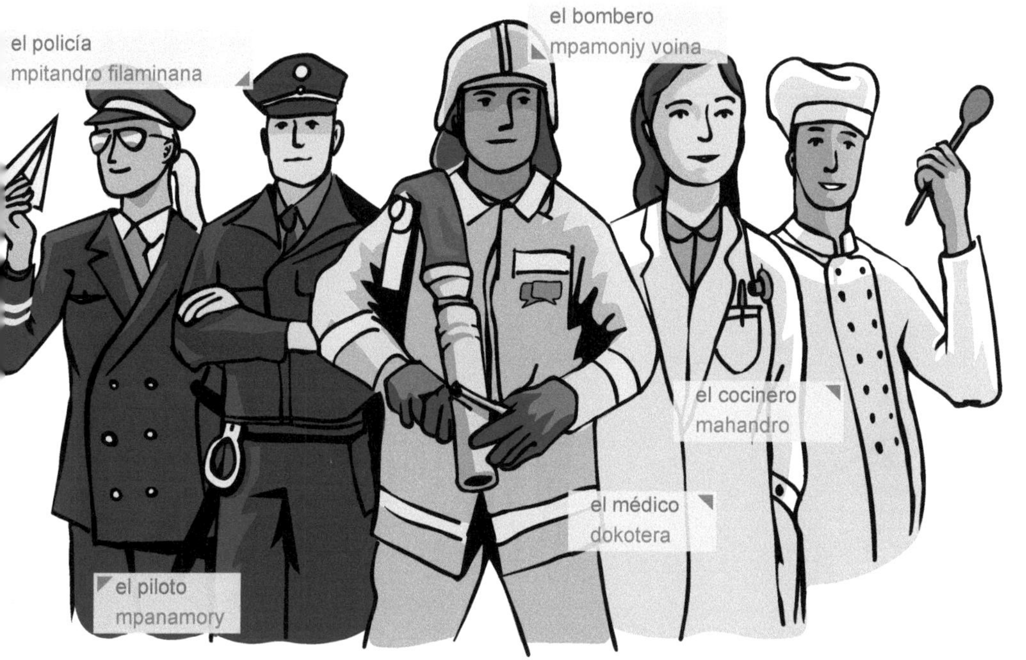
el bombero
mpamonjy voina
el policía
mpitandro filaminana
el cocinero
mahandro
el médico
dokotera
el piloto
mpanamory

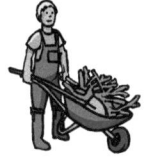

el jardinero
....
mpikarakara zaridaina

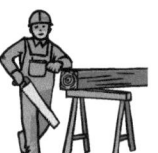

el carpintero
....
mpandrafitra

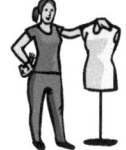

la modista
....
vehivavy mpanjaitra

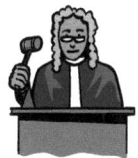

el juez
....
mpitsara

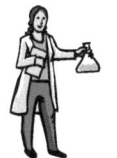

el farmacéutico
....
mpahay simia

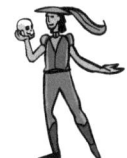

el actor
....
mpilalao sarimihetsika

el colectivero

mpamily fiara fitateram-
bahoaka

el taxista

mpamily fiarakaretsaka

el pescador

mpanjono

la mucama

vehivavy mpanadio

el techista

mpanao tafo

el mozo

mpandroso sakafo

el cazador

mpihaza

el pintor

mpandoko

el panadero

mpanao mofo

el electricista

elektrisianina

el albañil

mpanao trano

el ingeniero

injeniera

el carnicero

mivaro-kena

el plomero

plombier

el cartero

faktera

el soldado

miaramila

el arquitecto

mpanao mari-trano

el cajero

mpandray vola

el florista

mpivarotra voninkazo

el peluquero

mpanao volo

el cobrador

mpizara tapakila

el mecánico

mpahay mekanika

el capitán

kapiteny

el dentista

mpitsabo nify

el científico

siantifika

el rabino

raby

el imán

imam

el monje

moanina

el sacerdote

pretra

las herramientas
fitaovana

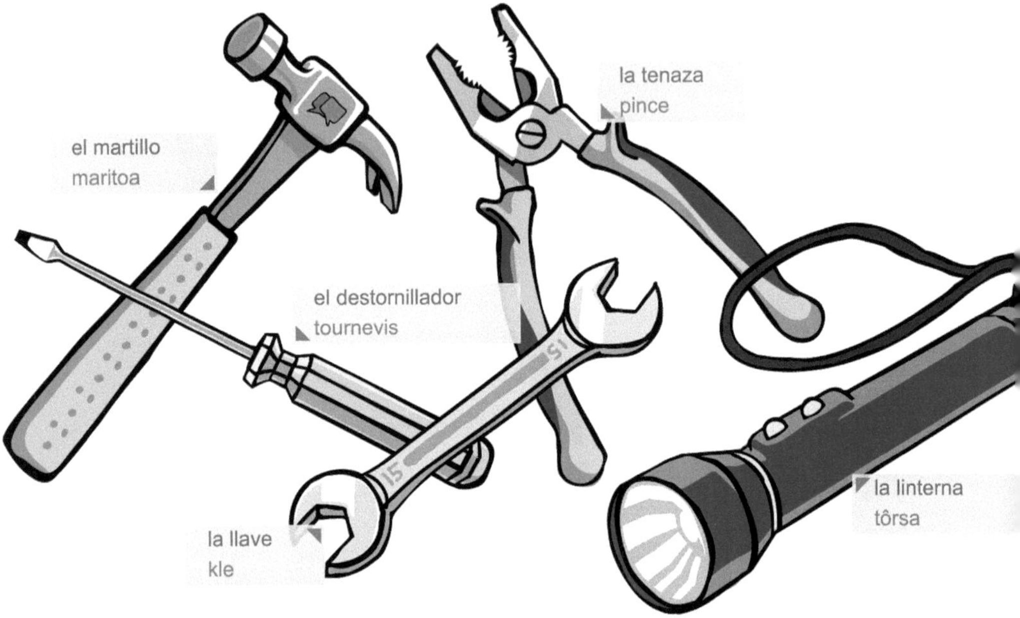
la tenaza
pince
el martillo
maritoa
el destornillador
tournevis
la linterna
tôrsa
la llave
kle

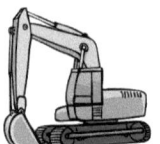

la excavadora
pelleteuse

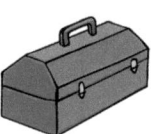

la caja de herramientas
boaty fanisy fitaovana

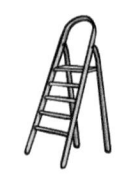

la escalera portátil
tohatra

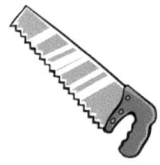

la sierra
tsofa

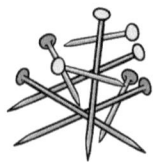

los clavos
fantsika

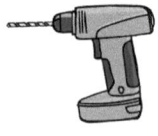

el taladro
perceuse

arreglar

manarina

la pala de jardín

lapela

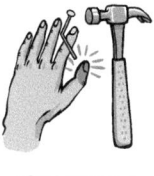

¡Qué bronca!

Kyy!

la pala de plástico

angadim-pako

el tacho de pintura

boatin-doko

los tornillos

visy

los instrumentos musicales

zava-maneno

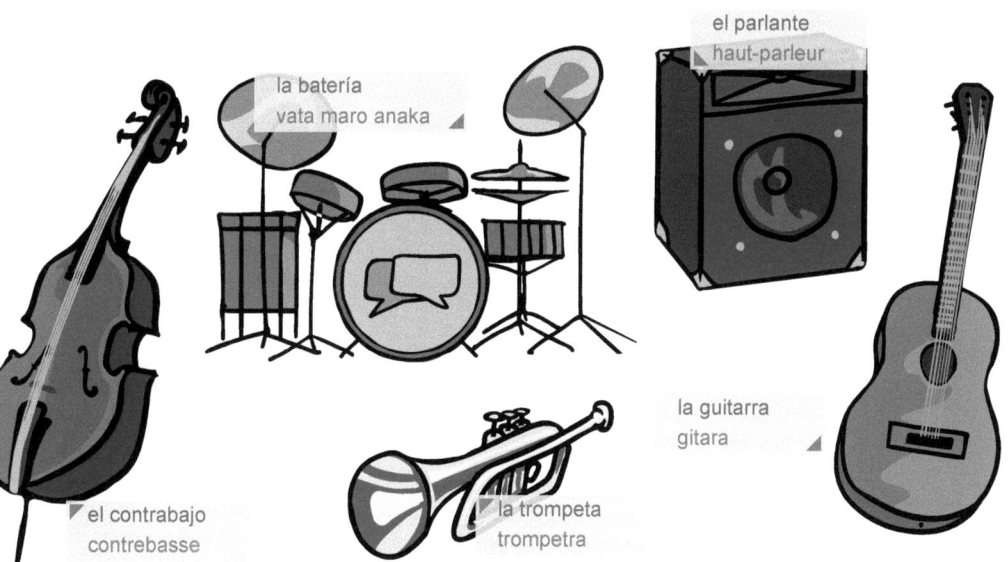

el parlante
haut-parleur

la batería
vata maro anaka

la guitarra
gitara

el contrabajo
contrebasse

la trompeta
trompetra

el piano

vata maro afitsoka

el violín

lokanga

el bajo

basse

los timbales

amponga timpani

el tambor

aponga

el teclado

klavie

el saxofón

saksa

la flauta

sodina

el micrófono

mikrao

el zoológico
valan-javaboary

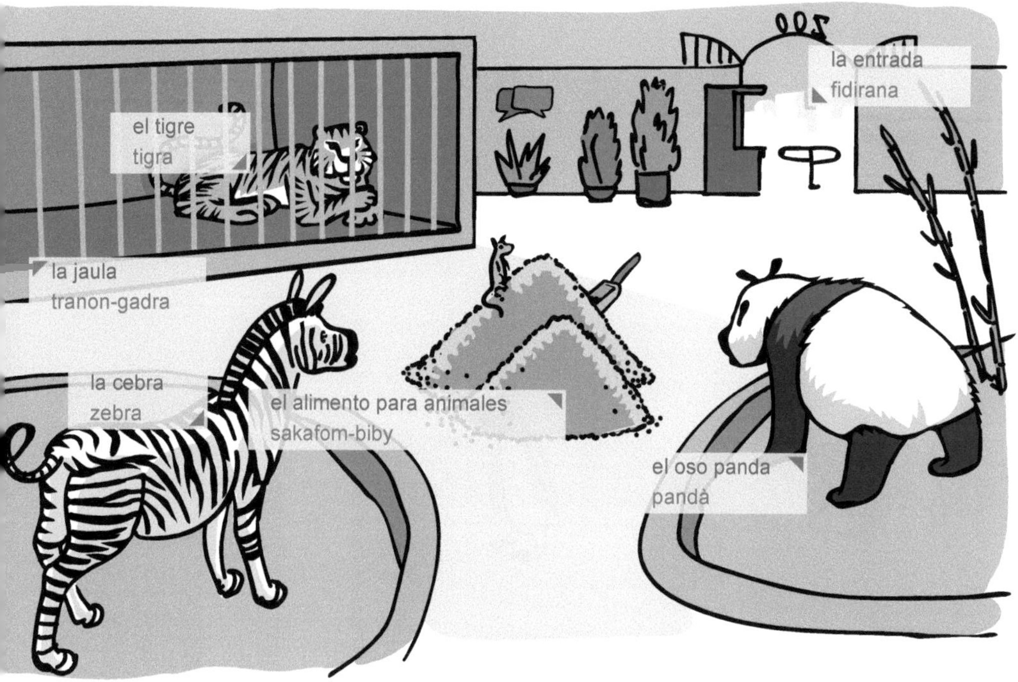
la entrada
fidirana
el tigre
tigra
la jaula
tranon-gadra
la cebra
zebra
el alimento para animales
sakafom-biby
el oso panda
pandà
zoo

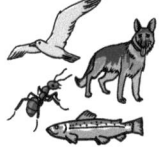

los animales

biby

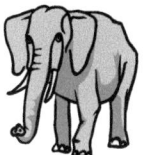

el elefante

elefanta

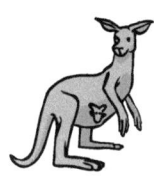

el canguro

kangoroa

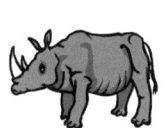

el rinoceronte

rinôserôsy

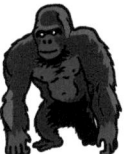

el gorila

gôrila

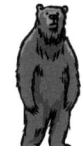

el oso

orsa

el camello

rameva

el avestruz

aotrisy

el león

liona

el mono

rajako

el flamenco

sama

el loro

boloky

el oso polar

orsa polera

el pingüino

pengoa

el tiburón

atsantsa

el pavo real

vorombola

la serpiente

bibilava

el cocodrilo

voay

el cuidador del zoológico

mpiandry valan-javaboary

la foca

fôko

el jaguar

jagoara

el poni

poney

el leopardo

leopara

el hipopótamo

hipôpôtamo

la jirafa

zirafa

el águila

voromahery

el jabalí

lambo

el pescado

trondro

la tortuga

sokatra

la morsa

môrsa

el zorro

renard

la gacela

gazely

el fútbol americano
Football amerikana

el ciclismo
hazakazaka am-bisikileta

el tenis
tennis

el básquet
baskety

la natación
lomano

el boxeo
boxe

el hockey sobre hielo
hockey an-dranomandry

el fútbol
baolina kitra

el bádminton
badminton

el atletismo
atletisma

el handball
handball

el esquí
ski

el polo
polo

reír
mihomehy

tar
tsambikina

abrazar
mamihina

caminar
mandeha

cantar
mihira

soñar
manonofy

rezar
mivavaka

besar
manoroka

escribir	dibujar	mostrar
manoratra	manao sary	maneho

presionar	dar	tomar
manosika	manome	mandray

tener

manana

hacer

manao

ser

mizovy

estar parado

mijoro

correr

mihazakazaka

tirar

misintona

tirar

manary

caer

lavo

estar acostado

mandry

esperar

miandry

llevar

mitondra

estar sentado

mipetraka

vestirse

miakanjo

dormir

matory

despertar

mifoha

mirar

mijery

llorar

mitomany

acariciar

fahatapahan'ny lalan-dra

peinar

fiogo

hablar

miresaka

entender

mahay

preguntar

milaza

escuchar

mihaino

beber

misotro

comer

mihinana

ordenar

mandamina

amar

mitia

cocinar

mahandro

manejar

mamily

volar

lalitra

navegar

miandriaka

calcular

mikajy

leer

mamaky

aprender

mianatra

trabajar

miasa

casarse

mivady

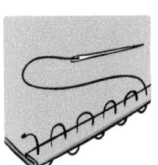

coser

manjaitra

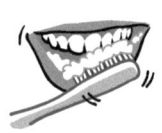

cepillarse los dientes

miborosy nify

matar

mamono

fumar

mifoka

enviar

mandefa

la familia
fianakaviana

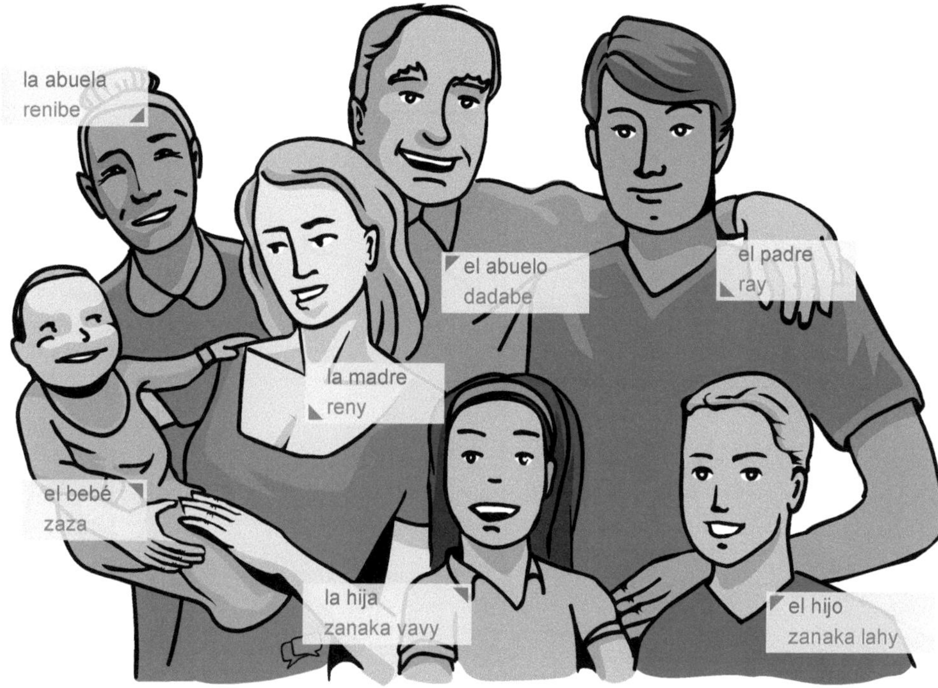

la abuela
renibe
el abuelo
dadabe
el padre
ray
la madre
reny
el bebé
zaza
la hija
zanaka vavy
el hijo
zanaka lahy

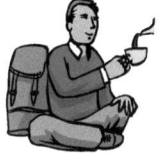

el invitado

vahiny

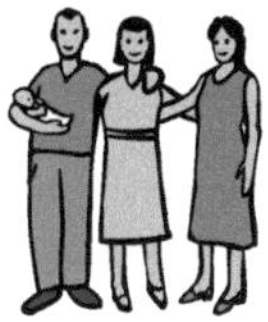

la tía

nenitoa

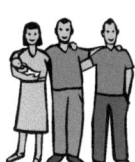

el tío

dadatoa

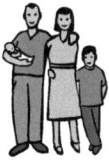

el hermano

rahalahy

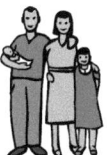

la hermana

rahavavy

el cuerpo

vatana

la frente
handrina
el ojo
maso
el hombro
soroka
el dedo
rantsan-tànana
la cara
tarehy
la pera
saoka
la mano
tànana
la pierna
ranjo
el pecho
nono
el brazo
sandry

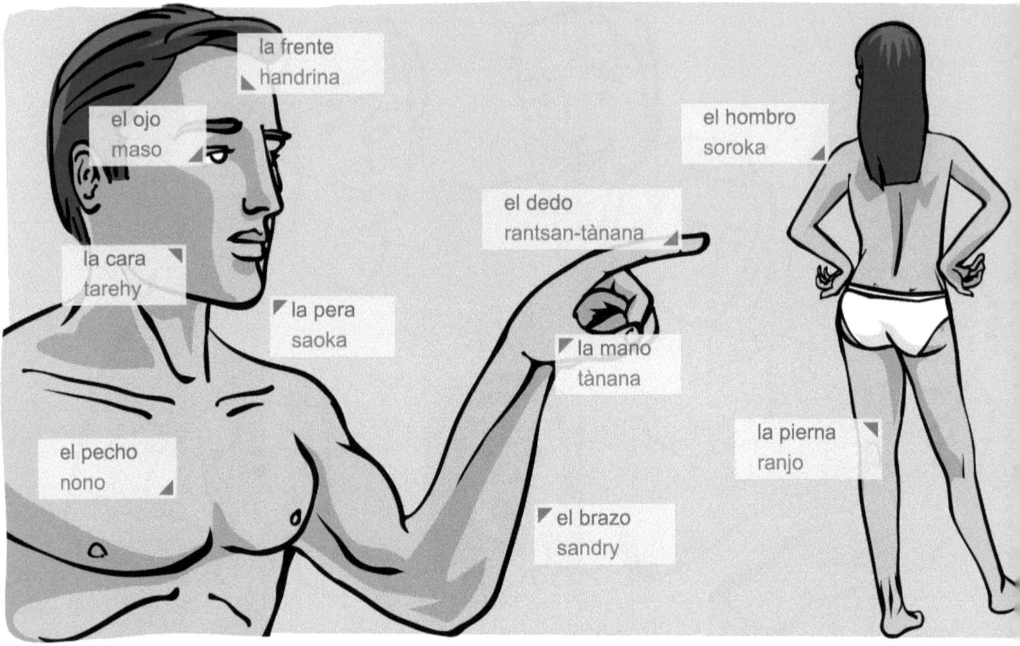

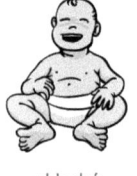

el bebé

zaza

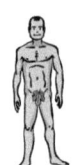

el hombre

lehilahy

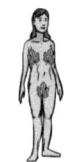

la mujer

vehivavy

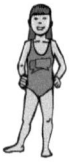

la nena

vavy

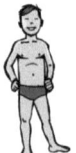

el nene

lahy

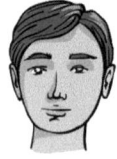

la cabeza

loha

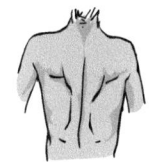

la espalda
lamosina

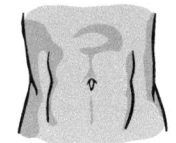

la panza
kibo

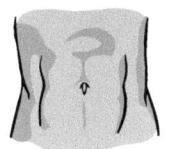

el ombligo
foitra

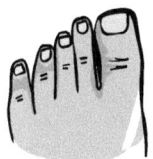

el dedo del pie
rantsan-tongotra

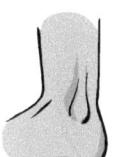

el talón
voditongotra

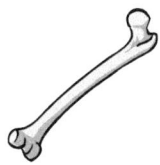

el hueso
taolana

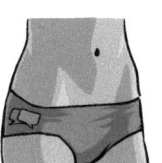

la cadera
valahana

la rodilla
lohalika

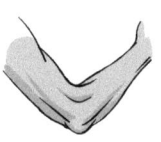

el codo
kiho

la nariz
orona

la cola
vody

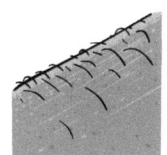

la piel
hoditra

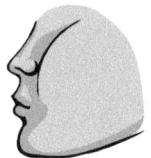

el cachete
takolaka

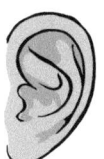

la oreja
sofina

el labio
molotra

la boca

vava

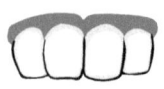

el diente

nify

la lengua

lela

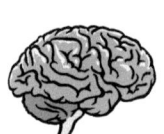

el cerebro

saina

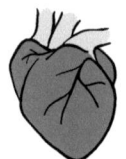

el corazón

fo

el músculo

ozatra

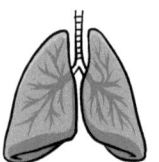

el pulmón

havokavoka

el hígado

aty

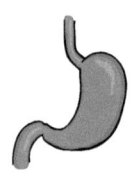

el estómago

vavony

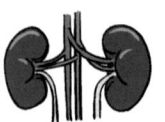

los riñones

voa

el sexo

firaisana ara-nofo

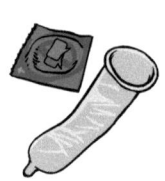

el preservativo

fimailo

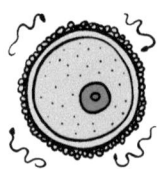

el óvulo

tsirivavy

el semen

ranonaina

el embarazo

vohoka

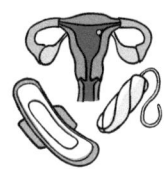

la menstruación

fadimbolana

la vagina

fivaviana

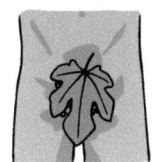

el pene

filahiana

la ceja

volomaso

el pelo

volo

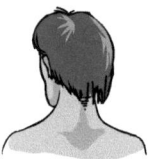

el cuello

tenda

el hospital
hopitaly

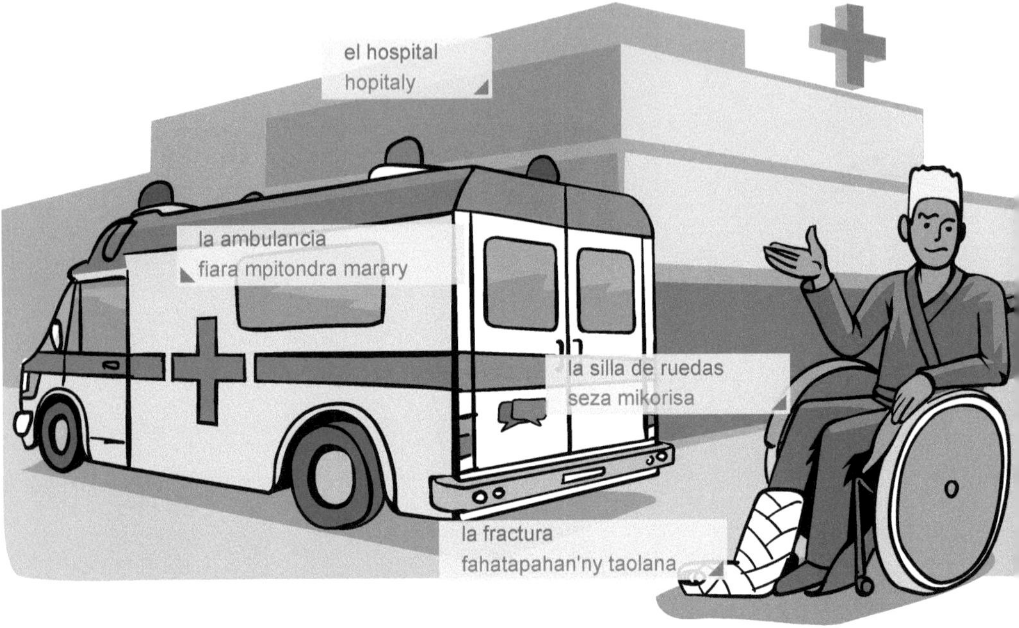

el hospital
hopitaly
la ambulancia
fiara mpitondra marary
la silla de ruedas
seza mikorisa
la fractura
fahatapahan'ny taolana

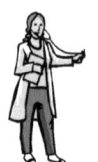

el médico

dokotera

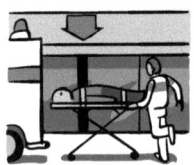

la sala de guardia

efitra vonjy taitra

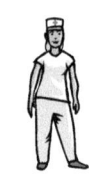

la enfermera

mpitsabo mpanampy

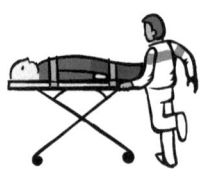

la emergencia

vonjy taitra

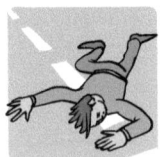

inconsciente

tsy mahatsiaro tena

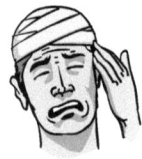

el dolor

fanaintainana

la lesión
faharatràna

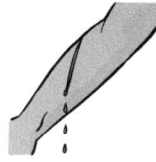

la hemorragia
mandeha rà

el infarto
aretim-po

el ACV
fahatapahan'ny lalan-dra

la alergia
tsy fahazakana sakafo

la tos
kohaka

la fiebre
tazo

la gripe
gripa

la diarrea
fivalanana

el dolor de cabeza
aretin'an-doha

el cáncer
homamiadana

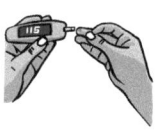

la diabetes
diabeta

el cirujano
dokotera mpandidy

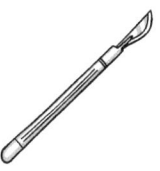

el bisturí
antsy fandidiana

la operación
fandidiana

la TC

TC

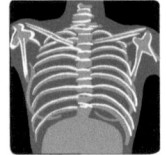

los rayos x

taratra X

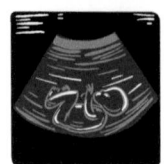

la ecografía

ekôgrafia

el barbijo

saron-tava

la enfermedad

aretina

la sala de espera

efitrano fiandrasana

la muleta

tehina

la curita

taha fery

la venda

bandy

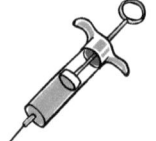

la inyección

tsindrona

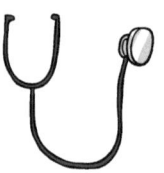

el estetoscopio

stetoskopy

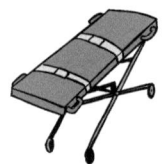

la camilla

filanjana marary

el termómetro

fitaovana fitsapana
hafanana

el nacimiento

fahaterahana

el sobrepeso

hatavezana tafahoatra

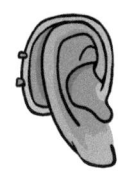

el audífono

fitaovana fandrenesana

el desinfectante

famonoana mikraoba

la infección

fifindràna aretina

el virus

viriosy

el VIH / SIDA

VIH / SIDA

el remedio

fitsaboana

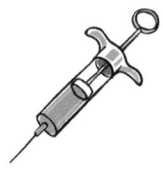

la vacunación

vaksiny

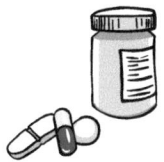

los comprimidos

pilina

la pastilla anticonceptiva

pilina

la llamada de emergencia

antso vonjy taitra

el tensiómetro

fitaovana fitsapana tosi-drà

enfermo / sano

marary / salama

¡Ayuda!

Vonjeo!

la alarma

antso fanairana

la agresión

herisetra

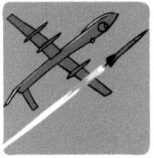

el ataque

vono

el peligro

loza

la salida de emergencia

fivoahana raha misy loza

¡Fuego!

Afo!

el matafuego

fitaovam-pamonoana afo

el accidente

loza

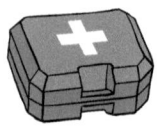

el botiquín de primeros
auxilios

fitaovam-pitsaboana
vonjimaika

el SOS

SOS

la policía

pôlisy

Europa

Eoropa

América del Norte

Amerika avaratra

América del Sur

Amerika atsimo

África

Afrika

Asia

Azia

Australia

Aostralia

el Atlántico

Atlantika

el Pacífico

Pasifika

el Océano Índico

Ranomasimbe Indiana

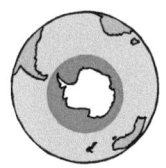

el Océano Antártico

Oseana Antarktika

el Océano Ártico

Oseana Arktika

el polo norte

Tendrotany avaratra

el polo sur

Tendrotany atsimo

la Antártida

Antarktika

la Tierra

tany

la tierra

tany

el mar

ranomasina

la isla

nosy

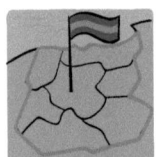

la nación

tanindrazana

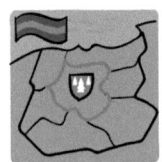

el estado

firenena

la esfera

avam-pamantaranandro

la manecilla de las horas

tondro ora

el minutero

tondro minitra

el segundero

tondro segondra

¿Qué hora es?

Amin'ny firy izao?

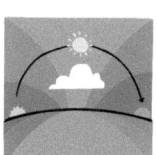

el día

andro

la hora

fotoana

ahora

izao

el reloj digital

famantaranandro niomerika

el minuto

minitra

la hora

ora

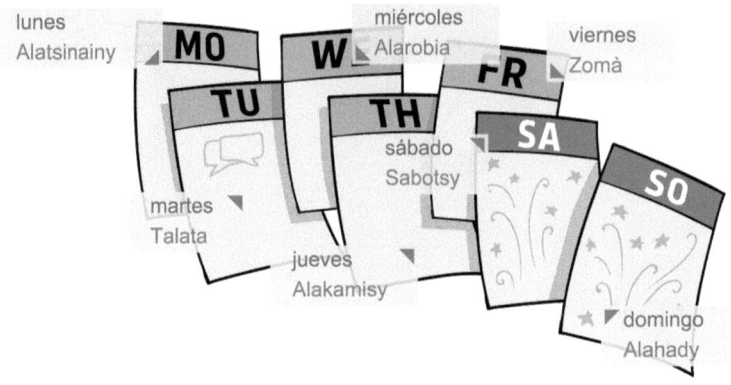

lunes
Alatsinainy

miércoles
Alarobia

viernes
Zomà

martes
Talata

sábado
Sabotsy

jueves
Alakamisy

domingo
Alahady

ayer

omaly

hoy

androany

mañana

ampitso

la mañana

maraina

el mediodía

atoandro

la tarde

hariva

MO	TU	WE	TH	FR	SA	SU
1	2	3	4	5	6	7
8	9	10	11	12	13	14
15	16	17	18	19	20	21
22	23	24	25	26	27	28
29	30	31	1	2	3	4

los días hábiles

adro fiasàna

MO	TU	WE	TH	FR	SA	SU
1	2	3	4	5	6	7
8	9	10	11	12	13	14
15	16	17	18	19	20	21
22	23	24	25	26	27	28
29	30	31	1	2	3	4

el fin de semana

faran'ny herinandro

el año
taona

la lluvia
orana
el arco iris
avana
la nieve
ranomandry
el viento
rivotra
la primavera
lohataona
el otoño
fararano
el verano
vanin-taona maina
el invierno
ririnina

4.APRIL 11°
5.APRIL 4°
6.APRIL 13°
7.APRIL 8°
8.APRIL 10°

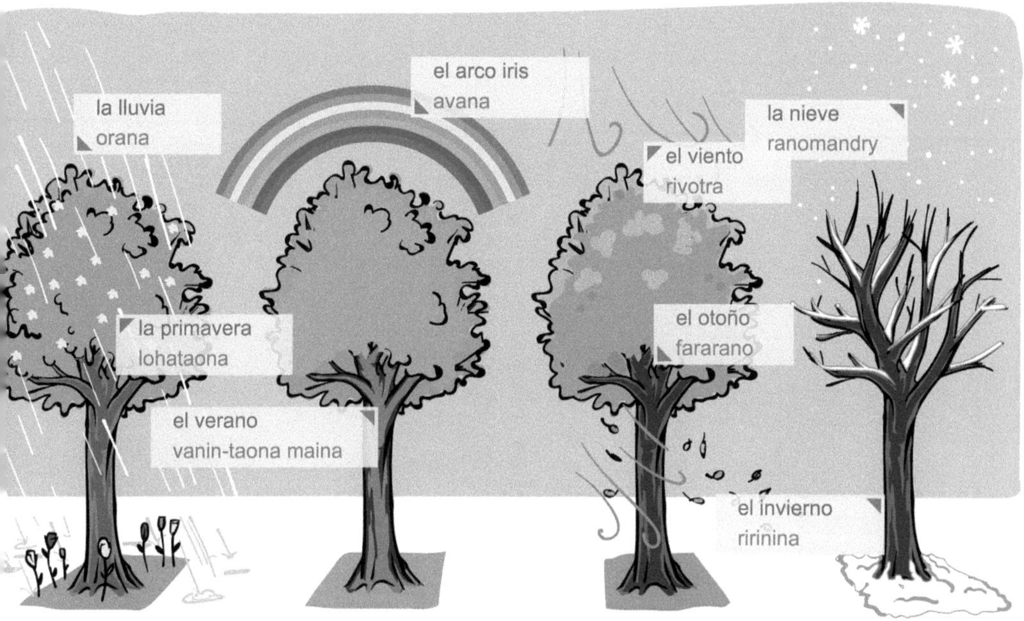

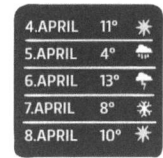

pronóstico meteorológico
....
vinavina ara-toetrandro

F C
120 40
90 30
60 20
30 10
0 0
-30 -10
-20

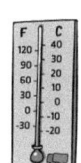

el termómetro
....
thermomètre

la luz del sol
....
tara-masoandro

la nube
....
rahona

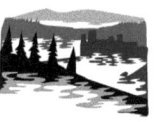

la niebla
....
zavona

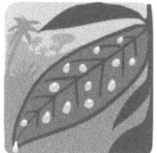

la humedad
....
hamandoana

el rayo

tselatra

el trueno

kotroka

la tormenta

tafio-drivotra

el granizo

havandra

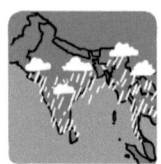

el monzón

fahavaratra

la inundación

tondra-drano

el hielo

vaingan-drano

enero

Janoary

febrero

Febroary

marzo

Martsa

abril

Avrila

mayo

Mey

junio

Jiona

julio

Jolay

agosto

Aogositra

el año - taona

septiembre
....
Septambra

octubre
....
Oktobra

noviembre
....
Novambra

diciembre
....
Desambra

las formas

endrika

el círculo
....
boribory

el cuadrado
....
efamira

el rectángulo
....
efajoro

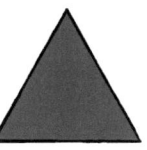

el triángulo
....
telozoro

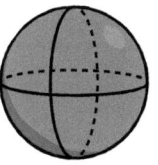

la esfera
....
bola

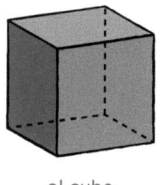

el cubo
....
goba

blanco

fotsy

amarillo

mavo

naranja

laoranjy

rosa

mavokely

rojo

mena

violeta

voloparasy

azul

manga

verde

maitso

marrón

volotany

gris

volondavenona

negro

mainty

mucho / poco

betsaka / vitsy

enojado / tranquilo

tezitra / tony

lindo / feo

tsara / ratsy

el principio / el fin

fiandohana / fiafarana

grande / chico

lehibe / kely

claro / oscuro

mazava / maloka

el hermano / la hermana

rahalahy / rahavavy

limpio / sucio

madio / maloto

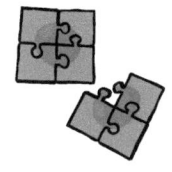

completo / incompleto

feno / banga

el día / la noche

andro / alina

muerto / vivo

maty / velona

ancho / angosto

malalaka / tery

comestible / no comestible

azo hanina / tsy fihinana

malo / amable

tsivalahara / tsara fanahy

entusiasmado / aburrido

endratra / sorena

gordo / flaco

matavy / mahia

primero / último

voalohany / farany

el amigo / el enemigo

mpinamana / mpifahavalo

lleno / vacío

feno / foana

duro / blando

mafy / malefaka

pesado / liviano

mavesatra / maivana

el hambre / la sed

noana / mangetaheta

enfermo / sano

marary / salama

ilegal / legal

tsy ara-dalàna / ara-dalàna

inteligente / estúpido

mahay / vendrana

izquierda / derecha

havia / havanana

cerca / lejos

akaiky / lavitra

nuevo / usado

vaovao / tranainy

nada / algo

tsy misy / misy

viejo / joven

antitra / tanora

encendido / apagado

mandeha / maty

abierto / cerrado

mivoha / mihidy

silencioso / ruidoso

mangina / mitabataba

rico / pobre

manankarena / mahantra

correcto / incorrecto

marina / diso

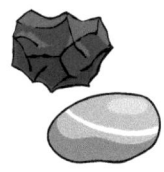

áspero / suave

marokoroko / malama

triste / contento

malahelo / faly

corto / largo

fohy / lava

lento / rápido

mora / faingana

mojado / seco

mando / maina

caliente / frío

mafana / mangatsiaka

guerra / paz

ady / fahalemana

0

cero

aotra

1

uno

iray

2

dos

roa

3

tres

telo

4

cuatro

efatra

5

cinco

dimy

6

seis

enina

7

siete

fito

8

ocho

valo

9

nueve

sivy

10

diez

folo

11

once

iraikambinifolo

12	**13**	**14**
doce	trece	catorce
roambinifolo	teloambinifolo	efatrambinifolo

15	**16**	**17**
quince	dieciséis	diecisiete
dimiambinifolo	eninambinifolo	fitoambinifolo

18	**19**	**20**
dieciocho	diecinueve	veinte
valoambinifolo	siviambinifolo	roapolo

100	**1.000**	**1.000.000**
cien	mil	el millón
zato	arivo	tapitrisa

el inglés

Anglisy

el inglés americano

Anglisy amerikana

el chino mandarín

Fiteny sinoa mandarina

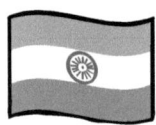

el hindi

Hindi

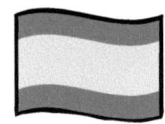

el español

Espaniola

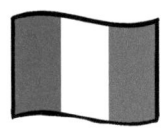

el francés

Frantsay

el árabe

Fiteny arabo

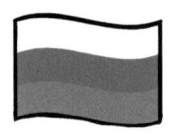

el ruso

Fiteny rosiana

el portugués

Portogey

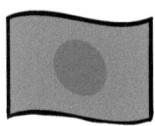

el bengalí

Bengaly

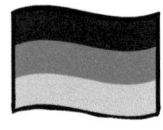

el alemán

Alemà

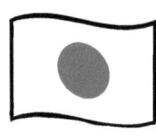

el japonés

Japoney

yo

izaho

vos

ianao

él / ella

izy / io

nosotros

isika

ustedes

ianao

ellos

zareo

¿quién?

iza?

¿qué?

inona?

¿cómo?

ahoana?

¿dónde?

aiza?

¿cuándo?

oviana?

el nombre

anarana

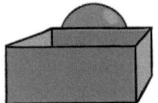

detrás

aorina

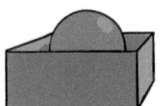

en

anaty

adelante de

anoloana

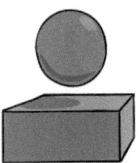

por encima de

any

sobre

ambony

debajo de

ambany

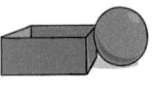

al lado de

ankila

entre

afovoany

el lugar

toerana